Michael Fink

Unterwegs in Pädagogien

Ein Läster-, Jammer- und Mutmach-Heft

verlag das netz
Weimar · Berlin

Bitte richten Sie Ihre Wünsche, Kritiken und Fragen an:
verlag das netz
Redaktion Betrifft KINDER
Kreuzstr. 4
13187 Berlin
Telefon: +49 30.48 09 65 36
Telefax: +49 30.48 15 686
E-Mail: evagrueber@verlagdasnetz.de

ISBN 978-3-86892-008-6

Gestaltung: Jens Klennert, Tania Miguez
Zeichnungen: Tasche, S. 47 Uwe Warnke (Texturen: Joseph W. Huber)
Druck und Bindung: Förster & Borries GmbH & Co. KG, Zwickau
Printed in Germany
Weitere Informationen finden Sie unter www.verlagdasnetz.de

Inhalt

Vorab

Auf eine Reise begeben wir uns in diesem Heft: Ein Trip durch das Land Pädagogien. Ein solches Land gab es bisher nicht. Aber es wurde Zeit, es zu erfinden, denn alles, was ein Land braucht, gibt es schon längst: Den eigenwilligen Menschentyp der Pädagogen zum Beispiel. Oder: eine bestimmte Sprache, die diese verwenden: »Mal pädagogisch ausgedrückt…« Eine bestimmte Art zu denken, sagen Außenstehende. Auch das Gebiet, in dem das Land errichtet werden könnte, ist schon längst da: die pädagogische Landschaft.

Reisen wir also gemeinsam nach Pädagogien und schauen uns um! Es lohnt sich, das Völkchen der Pädagogier genauer kennen zu lernen: Wie sie miteinander reden, was sie bewegt, womit sie sich so emsig beschäftigen. All die gemeinsamen Rituale, Traditionen und Angewohnheiten, die auf Außenstehende vielleicht merkwürdig wirken – für die Eingeborenen von Pädagogien sind sie ganz selbstverständlich, weil es für sie Alltag und Gewohnheit ist, sich genau so und nicht anders zu verhalten. Auch wenn einzelne Bewohner Pädagogiens für sich denken, dass man sich doch auch anders verhalten könnte, überwiegt die Einschätzung: Hier bei uns macht man die Dinge nun einmal so und nicht anders.

Bei Kindern kann man das so schön betrachten: Im gemeinsamen Tun, im gemeinsamen Deuten der Dinge um sie herum lassen sie ihre Welt entstehen – Ko-Konstruktion nennt man das Denkmodell, nachdem der Mensch die Welt, an die er sich glaubt, heranzutasten und anpassen zu müssen, eigentlich selbst gemeinsam mit Anderen um sich herum erschaffen hat.

Sind wir zufrieden mit »unserem« Stück Pädagogien? Oder träumen wir davon, dass doch alles auch ganz anders sein könnte? Aber niemand von der Regie sorgt dafür, dass unser Traum verwirklicht wird? Dann wird es Zeit, gemeinsam mit Anderen den Traum wahr zu machen – indem wir ihn leben.

Die Sprachen Pädagogiens

Pädagogische Sprache, schwere Sprache: Natürlich hat Pädagogien eine eigene Landessprache. Höchstwahrscheinlich gehört diese einer großen Sprachgruppe an: Dem Fach-Chinesisch. Es folgt eine kleine Sprachanalyse.

Wie wohl die Sprache der Pädagogier unserer ähnelt, gibt es doch irritierende Unterschiede: Zu »Häusern« sagen sie dort »Einrichtungen«. Zu dem, was wir »Einrichtung« nennen, sagen sie »Materialanreize«. Zu »Zimmer« sagen sie »Spielfläche, Aktionsbereich oder vorbereitete Umgebung«. Oder sie nennen es einfach »dritter Erzieher«, obwohl überhaupt kein erster und zweiter Erzieher im Haus zu finden sind – nur Frauen und Kinder!

Manche Pädagogier klagen, dass sie den ganzen Tag so viel zu tun haben, weil sie die Kinder so viel beschäftigen – und dennoch bieten sie nur einmal am Tag eine kurze »Beschäftigung« an. Andere nennen die Beschäftigung »Angebot«, obwohl sich die Teilnehmer gar nicht aussuchen konnten, ob sie das Angebot ausschlagen möchten. Sie machen manchmal ein »Bewegungs-Angebot« – obwohl schon kleine Kinder wissen, dass man Bewegung nicht angeboten bekommen muss, sondern ganz von selber machen kann.

Überhaupt: Alles wollen sie »gestalten«, auch das, was eigentlich von selbst passiert. Sie gestalten sogar den »Tagesablauf« – als ob es ohne sie nicht von selbst immer wieder erst Morgen, dann Mittag und später Nachmittag werden würde. Eine Tageszeit allerdings gäbe es ohne ihre Gestaltungsarbeit wirklich nicht: die »Bringe- und Abholzeit«.

Alt-Pädagogisch

Es gibt nicht nur die eine pädagogische Hochsprache, sondern auch unterschiedliche Dialekte. Unter traditionellen Pädagogierinnen ist vorzugsweise das Alt-Pädagogische anzutreffen. Auch hier werden anstelle der gewohnten Begriffe andere Worte verwendet: »Eltern« nennt man dort »die Mutti« – auch in der direkten Anrede: Aus »Liebe Eltern, Annika braucht neue Feuchttücher« wird im Altpädagogischen »Und die Mutti denkt bitte dran, dass die Annika neue Feuchttücher braucht.«

Auch die Kinder werden nicht mit »du« (oder »sie«) angeredet, sondern in der folgenden Kombination aus »der« / »die« und Namen: »die Annika« oder »unser Thomas«: »Jetzt kommt mal die Annika hierher!« Im Altpädagogischen entfällt jedoch nicht nur die zweite Person zugunsten der dritten, sondern auch die erste: Zu sich selbst sagt die Pädagogierin nicht »Ich«, sondern »die Tante« oder »die Brigitte«.

Verben werden grundsätzlich durch das Adverb »Fein« verstärkt. Aus dem Satz: »Gib mir mal den Ball von Thomas« wird also dementsprechend: »Jetzt gibt die Annika mal der Tante Brigitte fein den Ball von unserm lieben Thomas zurück.«

Auch im Plural kennt das Alt-Pädagogische keine zweite Person, stattdessen verwendet man den Ausdruck »Aallekindäär«: »Kommt, gibt Essen« wird dann zu »Aallekindäär gehään jetzt feiiin zum Hääandäwaaschään«.

Konzept-Pädagogisch

Das noch viel jüngere Pädagogisch der Konzeptionier verwendet völlig andere Formen.

»Aallekindäär« ist völlig ungebräuchlich, überhaupt wird der Plural gemieden, und statt Eigennamen kennt diese Sprachform nur folgende Begriffe: »Das Kind« und »die Erzieherin«, manchmal noch »ein Elternteil«. Weil oft schwer zu erkennen ist, welches Kind und welche Erzieherin gerade gemeint sind, wird der Ausdruck »das Kind« oder »die Erzieherin« jedoch gerne mit einer Als-Verlängerung konkretisiert: »Das Kind als Spielpartner« oder »Die Erzieherin als Begleiterin«. Wenn von mehreren Kindern gesprochen wird, wird das jeweils erste als »das Kind« bezeichnet und ein weiteres zur Unterscheidung mit »der Interaktionspartner«.

Alle Dinge werden grundsätzlich nie mit deren Namen, sondern immer mit Oberbegriffen benannt. Unser erster Satz mit dem Ball heißt: »Das Kind als soziales Wesen gibt der Erzieherin das Bewegungsmaterial seines Interaktionspartners zurück.«

Unser Beispielsatz 2 »Kommt, gibt Essen, Händewaschen nicht vergessen« verändert sich bei der Übersetzung ins Konzept-Pädagogische stärker. Eine weitere Grundregel im Konzept-Pädagogischen fordert nämlich, Zeitabläufe immer mit dem Wortanhang »-situation« zu verlängern: »Bevor das Kind als junger Mensch mit Bedürfnis nach gesunder, abwechslungsreicher Kost von der Erzieherin als Begleiterin zur Essensituation eingeladen wird, wechseln sie gemeinsam zur Pflegesituation im Bad, wobei das Kind als eigenaktives und selbstbestimmtes Wesen an der Reinigung seiner Hände aktiv partizipieren darf – gegebenenfalls nach Aufforderung und Unterstützung durch die begleitende Pädagogin als aktivierendes, unterstützendes Element. Wasser und Seife liegen als Materialanreiz mit hohem Aufforderungscharakter bereit.«

Das Beispiel zeigt auch einen entscheidenden Nachteil dieser Sprachform: Leider sind im Konzept-Pädagogisch einige Sätze recht lang.

Welche Sprachen sprichst du?

Was sind deine Lieblingswörter, Lieblingssätze?

Was willst du damit sagen?

Welche Sprachen kennst du noch?

Kannst du Konzept-Pädagogisch und Alt-Pädagogisch übersetzen?

OOOPS, hier kommt Paeda-Bingo: Die wichtigsten Sprüche Pädagogiens

Spiel mit Päda-Bingo! Das Spiel geht ganz einfach: In der Einrichtung einen gemütlichen Zuhörerplatz einnehmen. Bingokarten auslegen. Auf unseren Karten haben wir Sätze aufgedruckt, die laut einer mehrjährigen Längsschnittstudie (mit internationaler Beteiligung, wissenschaftlich begleitet, vom Bundesfamilienministerium gefördert) in Kindereinrichtungen besonders häufig zu hören sind.

Ohren spitzen! Jedes Mal, wenn einer der lustigen Sprüche zu hören ist, schnell auf der entsprechenden Karte abkreuzen! Wer als erster alle Kärtchen voll hat, gewinnt!

Die Elternkarte		
Laura-Priscilla lassen wir ja jetzt auf **Hochbegabung** testen.	Und ab wann beginnt IHR mit der Vorschularbeit?	Daaa... ... hätten Sie aber mal ein Auge drauf werfen können.
... hatten früher **wenigstens** gründlicher geübt!	Wann warn die eigentlich das letzte Mal mit den Kindern draußen?	Also Laura-Priscilla neigt ja zur **Tomatenmark-allergie**.
Wenn ich diesem Menschen mein Kind anvertrauen soll, wird mir Himmelangst.	**Sie muss da sein.** Blaue Träger, von H&M.	Also in unserer vorherigen Einrichtung war das **so** geregelt:
Also bei mir zuhause klappt das aber ohne Probleme.	Das kann ich mir jetzt bei **meinem** Sohn so gar nicht vorstellen.	... hatten früher **wenigstens** mehr gebastelt!

Die Kinderkarte		
Aber Leo* AUCH!	Aber Leon* ZUERST!	Wer das sagt, isses **selba**!
Aber das ist UNFAIR!	Mir hat der Tag auch guut gefallen...	Da sind aber so komische Stückchen drin.
Also ich fante am besten...	Bettina? Bää-Tii-Naa? **Bääå!-Tiiiiiiiii!!-NAAAAAAA!!!!!***	Der tretet mich!
Müssen wir mitmachen?	Ziehst du denn manchmal auch ein schönes Kleid an?	Meine Mama soll mich abholen.

* Leon + Lea durch Kindernamen ersetzen, Bettina durch den eigenen Erzieherinnennamen.

Die Erzieherkarte		
Manchmal, da könnt ich sie alle...	Jeeeder fasst jäääzt seiineeen Neeebeeenmaa-ann aaan!	Klingt jaa guut. Wenn wir blooß Zeit dafür hätten...
... doch mal das Jugendamt einzu-schalten...	**Gegäässäänwird-äärst, Wännalläa-siitzäään!**	Rausgehen wird bei uns ja grooß-geschrieben.
Bei deeen Eltern kein Wunder!	Wir haben uns heute – hallo!! – vorgenommen...	.... sondern wer als erster auf-hört!
Dieses schlümme Wort möchte ich nie wieder hören.	Na, möchtest du mir etwas saagen?	**Im Grunde** sinds ja nette Kerle...

Welche Nervsprüche hörst du am häufigsten?

Welche Lieblingssprüche verraten dir, was in der Praxis verändert werden könnte?

Nimmt nach Veränderungen in Bezug auf Material- und Raumkonzept oder Tagesablauf die Häufigkeit bestimmter Nerv-Sprüche ab?

Lexikon ungeschriebener pädagogischer Ansätze: Die Mutti-Pädagogik

(Paedagogica maternalis classica), erprobter Ansatz im deutschen Kindergarten. Grundgedanke ist die Auffassung, dass die ausschlaggebenden Qualifikationen für die Arbeit im Kindergarten nicht durch Ausbildung vermittelt werden können, sondern als angeborene Persönlichkeitsmerkmale vorhanden sein müssen: Geschlecht, Muttergefühle, Herzenswärme.

Der muttipädagogische Ansatz (kurz: MPA) hat Anhänger innerhalb der Berufsgruppe der Pädagogen (»Eine Mutter hat das im Gefühl!«), aber auch unter Politikern (siehe: Krippendebatte) und Eltern (»Als Frau und Mütter müssten Sie aber wissen, wie man mit Kindern umgeht!«).

Kennzeichnend für den Ansatz ist außerdem, dass er es erlaubt, das ursprüngliche Konzept beizubehalten: Auch wenn sich die Muttis ändern, bleiben die Leitlinien des Ansatzes erhalten.

Was für ein Bild vom Kind haben die Muttipädagogen?

Wie jeder gute pädagogische Ansatz hat auch die MP ein klar definiertes Bild vom Kind. Anders als bei allen anderen Ansätzen ist das Bild nicht schriftlich fixiert, dafür kann man es aber gut an die Wand hängen.

Gibt es wichtige Glaubenssätze?

Ja, zum Beispiel: Kinder haben natürliche Bedürfnisse; und wir helfen ihnen, diese Bedürfnisse zu erkennen. Kinder haben ein großes Bedürfnis nach stets sauberen Näschen. Sie wollen ausreichend Mittagsschlaf machen, auch wenn sie das manchmal nicht merken. Kinder wollen ausreichend essen, und deswegen wird der Teller leer gegessen!

Kinder wollen als eigenständige Persönlichkeiten ernst genommen werden. Kinder wollen von uns Erwachsenen respektiert werden? Nun, dazu gehört, dass man das feine Händchen gibt und sich bei Tisch wie ein Großer benimmt, oder? Wir wollen doch nicht schon wieder das böse Baby spielen?

Kinder brauchen Ordnung und Regeln. Wir helfen Kindern, ihre Kleidung in Ordnung zu halten: Kinder mögen doch nicht, dass die neue Bluse gleich schmutzig wird, oder? Vor allem in den Haaren fehlt es Kindern an Ordnung: Kinder brauchen es, dass man ihre Strubbelhaare häufig kämmt.

Kinder brauchen Regeln, und deswegen gilt bei uns die Regel, dass alle sitzen, bis alle aufgegessen haben, und danach gehen alle ganz geregelt im Gänsemarsch zum Schlafraum.

Welchen Prinzipien folgt der Ansatz?

Das Prinzip der schön vorbereiteten Umgebung

Kinder brauchen Schutz vor großen, leeren Flächen. Große, leere Flächen, insbesondere Schranktüren und Fensterscheiben, können laut MPA bei Kindern eine gefährliche Reiz-Unterflutung auslösen. Um dies zu verhindern, vermeiden die Erzieherinnen große, freie Flächen durch Anbringen von Scherenschnitten und Fensterbildern in Window Colours oder – zu gegebener Zeit – mit Schneespray.

Freie Tischflächen vermeidet man durch Aufstellen von Plastikblumen auf Scherenschnittdeckchen, während Kuschelecken durch großzügig drapierte Plüschtiere angereichert werden.

Das Prinzip der Überraschung

Das Prinzip der Überraschung setzen Muttipädagoginnen immer dann ein, wenn sie den Kindern tiefe Liebe oder Aufopferung beweisen wollen: »Weil ihr so artig wart, habe ich euch heute etwas Wunderschönes mitgebracht.«

Gleichzeitig dient das Prinzip dazu, Kindern ihre noch unfertige Empathie zu spiegeln: »Jetzt habe ich das alles so schön aufgebaut, und nun macht ihr es kaputt!« Undank, so einer der grundlegenden Gedanken des MPA, ist der Welten und leuchtende Augen der Muttipädagoginnen Lohn.

Das Prinzip der synchronen Handlung

Kinder brauchen Gemeinschaftserlebnisse. Sie lieben es, gemeinsam den Tag zu begrüßen, gemeinsam mit dem Frühstück zu beginnen und auch gemeinsam aufzuhören. Gemeinsam lieben sie es, einer sehr schönen, von der Muttipädagogin vorgetragenen Geschichte zu lauschen, um dann gemeinsam die Augen zu schließen. Wenn Kinder unterwegs sind, brauchen sie körperliche Erfahrungen mit den Händen: Bitte anfassen, Zweierreihen!

Das Prinzip der beschenkenden Elternarbeit

Als Muttipädagoginnen sehen die sich auch »Tanten« nennenden Erzieherinnen echte Muttis als Vorbilder an. Sie zufrieden zu stellen, das ist ihr oberstes Ziel. Neben einer guten Erziehung im Sinne der natürlichen Mutti favorisieren sie das Prinzip der regelmäßigen Gabe: Zu Weihnachten, zu Ostern und zum wichtigsten Festtag im Haus, dem Muttertag, stellen sie für das Kind – und bisweilen auch mit ihm – Gegenstände her, die das Kind seiner Mutti später feierlich überreichen darf: »Komm, gib schon deiner Mutti das Geschenk!«

Das Prinzip des Mannes im Kindergarten

Reine Frauensache? Nein, die Muttipädagogik ist dezidiert offen für männliche Erzieher: Gerade im muttipädagogischen Kindergarten gibt es viele spannende Aufgabenbereiche für Männer: die Betreuung der schwierigen, immer so unartigen Jungen; das Anbringen eines Nagels oder einer Schraube mit dieser schweren Bohrmaschine; der Transport des schweren Puppenbuggies über die hohe Schwelle.

Das Prinzip der guten Erfahrung

Dieses Prinzip kommt immer dann zum Zuge, wenn die Muttipädagogin durch neue Teammitglieder oder bei Fortbildungen mit Neuerungen konfrontiert wird. Tapfer verteidigt sie das Bewährte: »Ich habe damit aber sehr gute Erfahrungen gemacht, und es gab auch noch nie Klagen!«

Wenn die Leitung auf die Muttipädagogin Druck ausübt, bestimmte Handlungsweisen zu überdenken, erweist sie sich als konsequent und unbeirrbar, denn sie weiß: »Das hat noch keinem geschadet!«

Welche wichtigen Vertreter hat der Ansatz?

Wiewohl die Vordenker des Ansatzes weitestgehend im Dunkeln liegen, sollen hier einige herausragenden Vertreter genannt werden. Zum eher konservativen Spektrum der Muttipädagogik gehören: die langjährige Kollegin Birgit im St. Servatius Kindergarten Ottakring, die seit ihrer Ausbildungszeit nichts überzeugendes Neues erfuhr, und das erprobte Team des Kindergartens »Alfred Kasuppke« in Sonneberg/Thüringen, dem die hundertprozentige Zustimmung der Eltern nun mal Recht gibt.

Zu den moderneren Vertreterinnen des MPA zählen Heike und Sanne, die in ihrem Kinderladen immer wieder als Vertretungskräfte einspringen – selbst wenn alle Erzieherinnen da sind – und intuitiv Bildungsangebote in Musikerziehung oder tolle Kreisspiele gestalten, zum Beispiel Topfschlagen.

Wo kann man sich ausbilden lassen?

Es gibt unterschiedliche Wege. Zum Beispiel: die Ausbildung direkt durch eine erfahrene Muttipädagogin. Bereits dreijährige Mädchen können sich von ihrer »Tante« mit dem Ausbildungsziel »Gute Puppenmutti« unterrichten lassen.

Für Späteinsteigerinnen gibt es eine weitere Möglichkeit: Neun Monate dauert in der Regel der Ausbildungsgang, der nach einer Prüfung mit dem Titel »Geburt« erfolgreich abschließt. Die danach gemachten Erfahrungen qualifizieren ausreichend für den Beruf der Muttipädagogin, was die spitze Frage an unzureichend arbeitende Pädagoginnen immer wieder belegt: »Sind Sie überhaupt Mutter?«

Wichtiger als das Studium von Lehrbüchern scheint in jedem Fall der Besuch von Lehrveranstaltungen bei Tante Gisela und Oma Heidi zu sein, die zusammen »immerhin zwölf Kinder jroßjezogen haben«.

Ob sich Männer nach dem im Rahmen des Elternjahres obligatorischen »Wickel-Volontariats« ebenfalls zur Mutti ausbilden lassen können, wird noch diskutiert.

Welche Pädagogik lebst du?

Wie viel Mutti (oder Vati) steckt in deiner Art, auf Kinder einzugehen?

Kannst du bei dir selbst pädagogische Verhaltensmuster entdecken, die mit deiner eigenen Biografie zu tun haben?

Was würde passieren, wenn du vor lauter Professionalität ganz auf intuitives Handeln verzichtest?

Funde aus grauer Vorzeit, liebevoll konserviert: Traditionspflege in Pädagogien

Natürlich, schnelllebige Zeiten gehen auch an Pädagogien nicht vorüber. Kaum dass der Umbau der neuen Computerkindergärten zu noch neueren Bildungshäusern fertig gestellt war, rückten schon die nächsten Umbauarbeiten an: Jetzt wird erst einmal ein Haus der kleinen Forscher aus der alten Hütte, aber schon bald steht mit dem nächsten Trend der nächste Umbau an...

Dennoch gibt es in Pädagogien auch das Gegenteil: Uralte pädagogische Traditionen, die über Jahrzehnte oder -hunderte von Generation zu Generation weitergegeben, liebevoll gepflegt und immer wieder aufgefrischt werden: Vor allem mit neuen, glänzenden Begründungen, warum das, was einmal richtig war, trotz aller neuen Erkenntnisse nicht einfach so über den Haufen geworfen werden kann.

Das Kostehäppchen
(nachweisbar zwischen düsterstem Mittelalter bis mindestens 2010 n. Chr.)

Mit »Kostehäppchen« bezeichnen Völkerkundler einen etwa kinderesslöffelgroßen Speiseklumpen, der nach uralter Tradition von jungen Pädagogiern innerhalb eines täglichen Rituals mit der Bezeichnung »Essenssituation« eingenommen werden muss. Nach Untersuchungen bestand dieser Klumpen in der Regel aus gekochtem und vermixten Gemüse und wurde im Zusammenhang mit dem Ausruf »Ich mag das nicht!« verabreicht.

Das für unsere Begriffe wunderliche Ritual geht vermutlich auf die Vorstellung der Pädagogier zurück, man könne Kinder eine von ihnen abgelehnte Speise schmackhaft machen, indem man sie täglich zwingt, eine

etwa teelöffelgroße Menge in den Mund zu nehmen und herunter zu schlucken. Über den Erfolg dieser Methode liegen keine Erkenntnisse vor. Andere Wissenschaftler vermuten hinter dem Ritual eher eine Geste der Entschuldigung bei den Kräften, denen die Pädagogier die tägliche Mahlzeit zu verdanken glaubten: Der Natur, die Blumenkohl und Bohne gedeihen ließ – oder der Sagengestalt des »Essensfahrers«, dessen Zorn aufgrund Nicht-Aufessens sich niemand zuziehen wollte ...

Die Schlafwache
(praktiziert zwischen grauester Vorzeit und buntester Jetztzeit).

Als »Schlafwache« bezeichnen Forscher eine menschengroße Skulptur, die von Pädagogiern mithilfe starren Dasitzens aus sich selbst hergestellt wurde. Gerne finden wir Zeichen dieses Rituals im Zusammenhang mit ausgesprochen ordentlich ausgelegten »Schlafmatten«.

Im Ritual der Schlafwache zeigt sich die Urangst der Pädagogier, Kleinkinder wären während der Mittagsschlafzeit besonders gefährdet und bedürften einer besonders guten Bewachung. Folgende Gefahren sollen durch das Ritual abgewehrt werden: Diebstahl des schlafenden Kindes durch Elfen. Oder: Aufwachen und Herumtoben eines schlafunwilligen Kindes.

Das Muttertagsgeschenk
(praktiziert seit Muttertag 4032 v. Chr bis mindestens nächsten Mai)

Muttertagsgaben waren in der Kultur Pädagogiens weit verbreitet, und es gibt sie in einer großen Bandbreite von Formen: Während ältere Funde oft aufgrund von Form und Material als eine Art Bastuntersetzer für das Getränk der dürstenden Mutter identifiziert wurden, dominieren in späteren Epochen die so genannte Herzklebearbeit (Verwendungszweck unbekannt), das Fensterbild sowie die seit Anbeginn hergestellte Kunstform des »Angemalten Kleiderbügels«.

Wozu diente das Ritual? Mit dem Akt der Herstellung sollte offenbar nicht nur der Dank des Kindes an die Mutter ausgedrückt werden, sondern auch der Erfolg der Bildungsarbeit der Einrichtung. Wichtig scheint, dass diese Geschenke stets von den Erzieherinnen selbst hergestellt wurden – weil diese einfach sauberer schneiden und tupfen – aber zumindest im Beisein des Kindes verpackt wurden.

Findest du noch weitere solcher pädagogischen Urzeitrituale?

Wie viel Gestern prägt Deinen Alltag heute? Und morgen?

Praktizieren wir auch Rituale, weil sie üblich oder praktisch sind, obwohl sie mit einem modernen Blick auf das Kind nichts zu tun haben?

Welche Ideen hast du, sie durch bessere Rituale zu ersetzen?

Von frech über verspielt bis verträumt: Kinder-Moden in Pädagogien

»Ein Bild von einem Mann!« Auch das chronisch männerarme Pädagogien kennt diese Redewendung. Noch mehr Bilder jedoch macht der Pädagogier vom Kind. Wie stellt er dieses berühmte »Bild vom Kind« her? Nicht mit der neuen Team-Digitalkamera oder mit den restlichen Fingerfarben, sondern tief aus sich heraus: Aus dem Herzen, aus der Seele?

Wer genau ist eigentlich das Kind, das dann auf diesem Bild drauf ist? Das Kind, das man selbst war? Oder eher das Kind, was man gerne gewesen wäre?

Vielleicht ist es ja eher wie mit dem Bild vom Mann: Da hat jede Altersgruppe, jede Szene so ihre eigenen Vorstellungen. Gibt es solche Moden auch beim Bild vom Kind? Natürlich! Unsere Gesellschaft produziert auch jede Saison wieder neue »Mode-Kinder«, die auf einmal im Mittelpunkt der allgemeinen Aufmerksamkeit stehen. Und so heißt es dann: Da müssen die Erzieher, Lehrer und -innen mal genauer hinsehen, auf diiiiese Kinder.

Wir Pädagogen müssen uns entscheiden, welches Kind für uns gerade Mode ist. Wir sollen es im Blick haben und vom ihm und seinen Bedürfnissen ausgehen – schön und gut, aber von welchem Kind konkret? Sollen wir von Priscilla-Marie ausgehen, dem gigabegabten, mit verdünnter Bionade getauften Kind, die nach Mutters Ansicht deutlich mehr trilinguale Impulse braucht? Oder wäre es besser, den dicken Kevin Krause genau im Blick zu haben, damit er keinen weiteren Unfug anstellt? Gar nicht so einfach...

Wir stellen Ihnen hier die wichtigsten Trends der letzten Jahre vor, in ziemlich großartigen Fotos inszeniert. Weil leider keine echten Kinder zur Verfügung standen – das Recht aufs eigene Bild ist schließlich gerade Mode – haben sich dankenswerterweise Männchen und Weibchen aus Kastanien fürs fotoshooting gefunden. Sie erinnern sich: Diese glänzenden Früchte eines Baums, der in den letzten Jahren zum absoluten must-go für die immer angesagtere Miniermottenszene geworden ist. Viel Spaß beim Nachbauen!

Verträumt, verspielt und romantisch: Die göttliche Selbstbildungs-Selma

Ein Look, der niemals out ist: Schon unsere pädagogischen Großväter begeisterten sich für den »einsamen Selbstbildner«, gern auch als »göttliches Kind« apostrophiert. Typisch für den Trend: verträumte, lagernde Haltung, passend zu einer besonders kuschlig eingerichteten vorbereiteten Umgebung. Waldorf-Tücher können ebenso wie edle Montessori-Kupferkessel das setting ergänzen. Passendes Spielzeug: Gern wird das Birkenscheit verwendet, das in der tiefen und unerschöpflichen Fantasiewelt des Kindes längst zur Puppe, zum Spielgefährten oder Märchenhelden transformiert wurde. Es ist gewiss eine Freude, dem Kinde dabei zuzuschauen. Aber Vorsicht! Wir wollen dessen zarte Selbstbildungsprozesse nicht durch Impulse und unsere Gegenwart stören. Kaffee gefällig?

Unser Style-Check:
Immer wieder topaktuell: Das sich selbst bildende Kind taucht alle paar Jahre wieder als Modekind auf. In verschiedenen Ansätze, gern auch als Broschürentitel. Das liegt daran, dass alle dieses Modekind lieben: Man kann es uneingeschränkt bewundern. Und man braucht ihm gar nicht viel zu geben: wenig Personal, wenig Aufmerksamkeit.

Ziemlich frech, ziemlich lässig: Arnarcho-Erna und Auszieh-August

Blick zurück im Schreck: Der Look der frühen Siebziger überrascht hier mit tiefen Einblicken und betonter Lässigkeit. Kleidung lagern die beiden Kinderladen-Kids nur als lästige Accessoires auf dem Fußboden, während die Haltung des Pädagogen im zertrümmerten Liegestuhl betont antiautoritär wirkt. Ob diese Haltung ok ist? Sollte sich der erwachsene Begleiter lieber auch entkleiden? Oder in der Küche Spaghetti herstellen, auf dass die Kinder damit fantasievolle Spritztechnik-Wandbemalungen herstellen können?

Unser Style-Check:
Folgt man den Einschätzungen konservativer Modekenner, ist dieser Stil an allem Bösen schuld, das deutsche Kindererziehung zu verantworten hat: Aufsässigkeit! Disziplinprobleme! Graffitis auf allen Wänden! Das einzige, worüber sich das Feuilleton nicht ganz sicher ist: Gab es wirklich solche Kinderladen-Kids, oder war das alles nur eine konservative Fantasie?

Krass und herrlich provokant: Bob, das böse Buebchen

Wie die Styles der Zukunft aussehen werden, darüber wissen wir dank Bestsellerautoren wie Bernhard Bueb und Michael Winterhoff Bescheid: Kleine und größere Tyrannen werden die Gesellschaft dominieren und mit Waffengewalt von Eltern und Erziehern das fordern, was sie schon immer reichlich bekommen haben: Mehr Nutella! Mehr Nintendo! Mehr Schulhofgewalt! Prägend dann auch die Accessoires, die unser Modekind auszeichnen: Fordernd offene Hand und – die fordernde Geste unterstreichend – die inzwischen in allen Kindereinrichtungen obligatorische Waffe.

Unser Style-Check:
Einzig mehr Disziplin und Konsequenz helfen, da sind wir uns mit den Bestseller-Autoren einig, damit dieser Stil sich nicht noch mehr ausbreitet. Konsequent und diszipliniert sollten Verlage der Versuchung widerstehen, selbst noch so auflagenträchtige Manuskripte von frustrierten Alt-Pädagogen samt ihrer pampigen Thesen anzunehmen.

Geheimnisvoll und exotisch: Die kleine »Aus für Multikulti-Träume«-Ayshe

Lange schon ist dieses Mädchen mit seinen dunklen Augen unter klein gemustertem Stofftuch das Lieblings-Modekind unserer Mitterechtspolitiker und Nachrichtenmagazinjournalisten. Ayshe hat nur prägnante Eigenschaften: Zu Hause spricht sie erstens nur türkisch. Auf dem Kopf trägt sie zweitens ein Tuch, mit dem sie – und natürlich ihre gesamte Familie – signalisiert, fortan in einer geheimnisvollen Parallelgesellschaft leben zu wollen. (Nicht zu verwechseln mit dem Paralleluniversum!)

Wer rettet uns davor? Dankenswerterweise der deutsche Kindergarten, schafft er es doch rechtzeitig, Kinder durch gezielte Sprachvermittlung an unsere Sprache anzubinden, bevor man ihnen den Fremdsprachengebrauch auf dem Schulhof untersagen kann.

Unser Style-Check:
Viel Angst viel gutt? Aus Furcht vor nicht integrierten Ayshes und Achmets ist schon so mancher Euro in den Kitabereich geflossen, so manches Vorschuljahr kostenlos geworden.

Viel Angst vielleicht doch nix gutt: Wenn irgendwann mal klar wird, dass es den gefährlichen integrationsunwilligen Migranten so häufig denn nun doch nicht gibt – wird das ganze Geld dann zurückgefordert?

Lass es zappeln: Rita-Lina und HKS-Hakan

Auf der Loveparade zuckte man zu Technomusik, und Jan-Dope Ullrich wurde Tour de France-Sieger: Kein Wunder, dass das Modekind der neunziger Jahre hibbelig und manchmal mit Beruhigungsmitteln vollgepumpt war. Wie alle guten Moderichtungen war der ADS-Trend sogar geschlechterdifferenziert: Unter den Boys war die dynamische Zappelphilipp-Variante angesagt, während die Girlies ihre ganz persönliche Variante bevorzugten: Verträumtes ADS nannte sich das. Interessant an dem Style war auch der Versuch, pädagogische Probleme mit medizinischer Hilfe zu lösen.

Unser Style-Check:
Inzwischen scheint der Style Anhänger verloren zu haben, gibt es doch in den Kindergärten deutlich weniger Kinder mit – von Eltern selbst diagnostiziertem – Aufmerksamkeitsdefizitsyndrom. Unkenrufe warnen, viele Eltern seien einfach auf den nächsten Trend umgestiegen: Hochbegabung!

Hochbegabt und schlecht behandelt: Brian the Brain

Er ist benachteiligt, weil er so ist wie seine Eltern, die leider auch benachteiligt werden, denn es mag sie keiner, weil sie so schlau sind. Der Gigabrain-Stil hat eine beachtliche Performance hinter sich: Aus dem Lieblingsschüler-Adalbert-Stil der Vergangenheit – Brille, Streber, Sportniete, später Computerass – wurde der Brian-the-Brain-Stil, gern kombiniert mit vokalreichen Doppelnamen, Kinderdesignerklamotten, wöchentlichen »Ich muss da mal nachfragen«-Elterngesprächen und der Erwartung, dass der Nachwuchs einmal ganz groß rauskommen könnte, wenn seine durch zahlreiche Tests belegte Hochbegabung von den Pädagogen nicht immer wieder ignoriert würde.

Unser Style-Check:

Ziemlich angesagter Trend! Passt genau in eine Zeit, in der aus Kinderhäusern Häuser der kleinen Forscher werden und endlich auch die Zwerge mal dabei sein dürfen, wenn faltige Professoren in überfüllten Hörsälen, auch »Kinder-Unis« genannt, Endlosvorträge halten. Wir fordern: Kindergartenbesuch nur noch bei nachgewiesener Früh-Hochschulreife!

Der Reiz des Einfachen: Ernie, der Bildungsfernie

Bildungsfern dank Fernsehbild: Unser Enrico-Kevin kombiniert, formal passend zum Bauch, ein wabbelweiches Sofa mit blitzender, topmodischer TV-Technik. Seine Geburtsstunde korrespondiert mit der Einführung der Hartz4-Reformen. Sein Geburtsort: Berlin-Neukölln. Wichtigste Aufgabe dieses Modekinds: Rechtfertigung sein für müde Pädagogen. Bei Kindern wie diesem ist man auch als erfahrener Pädagoge einfach machtlos!

Unser Style-Check:

Ähnlich wie der Ayshe-Stil hat auch dieser Look dem Kindergarten viele neue Freunde gebracht. Lehrer hoffen inständig, dass Erzieherinnen aus der sprachunfähigen Sofakartoffel ein einigermaßen beschulbares Kind schnitzen. Und die anderen? Die sind dem Kindergarten dankbar, dass er dafür sorgt, dieses Elend tagsüber nicht live sehen zu müssen.

Als noch Anstand anstand: Der »Wenigstens-warnse-Look« von Werner und Vera

Früher war einiges gewiss nicht so gut wie heute, aber wenigstens warnse ... Wer diesen Satzanfang sympathisch findet, der mag gewiss auch den Look: Das Wenigstens-warnse-Kind ist ein ziemlich weit verbreitetes Modekind in und um den Kindergarten, aber auch an zahlreichen Schulen. Genervte Eltern, gestresste Erzieherinnen, ausgebrannte Lehrer und noch nicht abgewählte Politiker sind sich einig, dass früher auch nicht alles besser war, aber: Wenigstens warnse morgens sauber und mit vollen Brotbüchsen zur Schule gekommen. Wenigstens warnse höflich und hamse bittedankegutentag gesagt. Wenigstens warnse auch mal ohne Extraeinladung im Haushalt fleißig und hamse nicht immer gleich geweint und bei Kaisers noch ein Eis gewollt und sindse nach dem Sandmännchen ins Bett und überhaupt...

Unser Style-Check:
Ja, das war schon ein anderer Stil damals! Und es ist schon interessant, dass unsere Kinder dem nicht mehr entsprechen, trotz dieser Eltern! Aber jetzt wollen wir schnell noch mal zu Kaisers, Eis holen.

Wie schaust du auf Kinder? Und wie auf Erwachsene?

Wie sieht das Kind aus, das am ehesten eurer Konzeption entspricht?

Haben wir im Team unterschiedliche »Bilder vom Kind« in den Köpfen?

An welchem »Typ« Kind richten wir unser pädagogisches Handeln besonders stark aus?

Welche »Bilder vom Kind« vergessen wir gern?

Lexikon ungeschriebener pädagogischer Ansätze: Die Pädagogik der Wachsamkeit oder der Gefahrensituationsansatz

Die Pädagogik der Wachsamkeit ist ein beliebter Ansatz in der Elementarpädagogik, dessen oberstes Ziel nicht Bildung, Erziehung oder Betreuung, sondern das Bewahren der Kinder ist: vor Verletzung, Selbstgefährdung oder Verschmutzung zum Beispiel. Der Ansatz hat viele Befürworter nicht nur unter Pädagogen, sondern erfreut sich auch unter Eltern einer breiten Anhängerschaft.

Die Grundannahme der Pädagogik der Wachsamkeit: Kinder sind grundsätzlich vernunftbegabte Wesen. Wohlgemerkt: grundsätzlich. Leider gibt es nämlich viele Situationen, in denen sie trotzdem dazu neigen, »sich und andere zu gefährden«. Deswegen brauchen sie Begleiter, die ihr Tun mit »hellwachen Augen und offenen Ohren« verfolgen, um jederzeit zur Intervention bereit zu sein.

Momente für Wachsamkeit: Die »sensiblen Phasen der Gefährdung«

Die Pädagogik der Wachsamkeit geht davon aus, dass jeder Kindergartentag bestimmte »sensible Phasen« durchläuft, in denen Kinder besonders offen für Gefährdungen sind: beim wilden Toben oder unkontrollierten Herumrennen auf dem Spielplatz, beim Auftauchen von Regenpfützen und in fast allen Freispielsituationen, gerade wenn trügerische Ruhe herrscht.

Oft bezieht sich dieser verhängnisvolle Hang zur Gefährdung, dem Kinder immer wieder unterliegen, auch auf Sachwerte: durch das Zusammentreffen von Übermut mit dem neuen Puzzle oder von Schmutzfingern mit dem neuen Buch.

Erzieherinnen sind hier auf zweierlei Weise gefordert. Erstens durch konsequente Anwendung der Technik des Beobachtens in diesen kritischen Phasen. Zweitens durch noch konsequentere Maßnahmen zur Vermeidung solcher Phasen.

Die wichtigsten dieser Phasen und Materialanreize zur Selbstgefährdung seien im Folgenden kurz vorstellt.

»Übermut und Tunichtgut«: Der Raum als gefährliche Umgebung

Der Raum des Kindergartens an sich stellt, gerade wenn er mit Einrichtungsgegenständen versehen ist, eine trügerische Gefahrenquelle für Kinder dar. Regale, die beim Beklettern einstützen und durch herab fallende Regalböden zu Todesfallen für zufällig vorbeirobbende Kleinstkinder werden. Bleischwere und scharfkantige Bausteine, die in der Hand von missgelaunten Kevins zu Torpedos mutieren. Nur scheinbar harmlos-weiche Wolldecken, die durch das plötzliche Abdecken des Mundbereiches eines sich einkuschelnden Kindes unweigerlich den kurzen, aber außerordentlich schmerzhaften Erstickungstod herbeiführen.

Würde die Anhängerin des Gefahrensituationsansatzes in einem solchen Moment nicht mit Argusaugen wachen, könnte der Buggy im Fahrzeugschuppen bleiben, weil der Leichenwagen käme.

»Kommt bitte sofort weg da!«: Die Außenwelt als noch gefährlichere Umgebung

So sehr die Gefahren des Innenraums dafür sprechen, ihn sicherheitshalber großräumig zu meiden – der Außenbereich ist keine Alternative. Bedroht er doch Kinder auf vielfache Weise: Durch den Straßenverkehr in Verbindung mit dem kindlichen Drang, beim Gehen in Zweierreihe ausscheren zu müssen. Durch Spielanlagen mit überdimensionierten, sicherheitsbedenklichem Spielgeräten, die zu benutzen Harakiri gleichkäme. Durch das gefährliche »andere Kind«, das wegen laxer, geradezu unverantwortlicher Eltern an diesem nur scheinbar sonnigen Septembertag barfuss herumlaufen darf und Nachahmungstäter provoziert. Durch Spielplatzsand, den zu essen und zu berühren der Gesundheit unzuträglich ist. Eine besondere Stellung im Rahmen der Gefährdung nehmen Kastanienbäume ein: Ihre Früchte sind verschluckbare, nicht normschlundgerechte, gefährlich glatte Kugeln, deren extrem stachlige Hülle zwangsläufig Verletzungen hervorruft, erst recht, wenn orkanähnliche Herbstwinde die Früchte vom mörderischen Baum hinabschleudern – genau auf die sensiblen Schläfenknochen der kleinen Parkbesucher.

»Garantiert Schweinegrippe«: Die Innenwelt des Kindes als gefährlichste Umgebung

Kinder sind keine kleinen Erwachsenen, sondern sehr eigenständige Wesen. Diesen Grundsatz erkennen die Anhänger des Gefahrensituationsansatzes besonders am Umgang mit Nasensekret. Erwachsene können dieses Sekret geschickt aus dem verstopften Riechorgan befördern, ohne die Mitwelt zu belasten. Kinder können nicht ordentlich schnäuzen. Die Folge: Durch das kontinuierlich aus ihnen tretende, meist hochgradig viral verseuchte Sekret gefährden sie Gesundheit und Wohlbefinden ihrer Altersgenossen und – schlimmer noch – ihrer Betreuungspersonen. Einziges Gegenmittel: Präventives Putzen vor jedem Gang ins Freie oder ins Haus, am besten mit schnellen, routinierten Griffen von hinten, das Kind gekonnt umklammernd. Empfehlenswert ist ein kurzes »Halt still«.

Leider entfalten andere, tiefer situierte Körperöffnungen keineswegs geringere toxische Wirkungen, wenn wir nicht entsprechende Vorsichtsmaßnahmen gefahrenbewusst beherzigen. Mindeststandard sollte beim Wickeln der Einweghandschuh sein. Extralange Kunststofffingernägel an der Hand der Pädagogin können als eine Art Abstandhalter zusätzlich verhindern, dass ihre Fingerhaut mit der Haut des Kindes in direkte Berührung gerät, und die Gefahr des Hinüberwanderns der Keime deutlich verringern. Forscher sind sich uneins, ob ein generelles Einsprühen des Kindesunterleibs mit Sagrotan bei jedem Wickeln zu empfehlen ist oder ob eine Beimischung des Mittels in die kindliche Mahlzeit präventiv wirken und das Entstehen von Keimen verhindern könnte.

»Bis einer heult!«: Die Bedeutung der Gruppe als gefahrenverschärfender Faktor

Kinder stehen in ständiger Interaktion mit anderen Kindern, ahmen deren Verhalten nach oder teilen Ideen mit ihnen. Diese von Vertretern anderer Ansätze verharmlosend »Ko-Konstruktion« genannte Verhaltensweise bewirkt nicht selten, dass sich das in jedem Kind schlummernde Gefahrenpotenzial mit dem der anderen Kindern potenziert. Werner Warner und Manfred Mahner schlagen deswegen den Begriff »Ko-Destruktion« als wesentlich präziser vor. In langen Beobachtungsreihen wiesen die Forscher nach, dass Kinder ohne geeignete Aufsichtsführung einander in ko-destruktiven Prozessen zunehmend »auf dumme Gedanken bringen«, dabei »mit Narrenhänden Tisch und Wände beschmieren« und sich »die Köpfe einschlagen, bis einer heult«. Stimulanz für solche pädagogischen Super-GAUs waren oft geringfügige, nicht geahndete Regelverletzungen wie Essen im Spielraum oder Turnen in der Garderobe.

Entwicklungspsychologische Hintergründe: Das Kind als Fehlermachwesen

Woher kommt dieser Hang zur Selbstgefährdung? Und in welchem Ausmaß tritt er auf? Peter Miese und Anke Meckert, zwei Vordenker des Gefahrensituationsansatzes, erforschten, dass Kinder bei der Geburt alles zu fast 100 Prozent falsch machen, also sich selbst und andere gefährdende Verhaltensweisen zeigen und deswegen auf Hilfe, Aufsicht und Korrektur durch Betreuungspersonen angewiesen sind. Unterbleibt dies, entsteht der Teufelskreis der »schlechten Angewöhnung«, in dem anfänglich harmlos erscheinenden Regelverletzungen – zum Beispiel: Die dreijährige Anna weigert sich, mit Messer und Gabel zu essen, wie es sich ja wohl gehört – zu manifesten Charaktermerkmalen werden, die den Erwachsenen später zunehmend gesellschaftlich isolieren. Um auf das Beispiel zurückzukommen: Die fünfzigjährige Anna isst beim Queen-Besuch die Kartoffeln immer noch mit dem Löffel; die Gastgeberin ist not amused.

Durch wachsames Intervenieren bei Fehlern kann, so stellten die Vordenker in ihrer Studie fest, die Quote jedoch allmählich gesenkt werden: Während Erstklässler noch etwa 85 Prozent aller Aktivitäten irgendwie verkehrt machen, weisen Achtzehnjährige nur noch in 73 Prozent der Fälle korrekturbedürftiges Verhalten auf.

Gegen Ende des frühen Lebensalters schlägt das Pendel allmählich deutlich zugunsten des Richtigmachens aus: So erreichen Industriekapitäne mit Mitte 50 eine Durchschnittsquote von 82 Prozent: »Ich habe in meinem Leben fast alles richtig gemacht!«. Zumindest in ihren Selbsteinschätzungen kommt die Spitzengruppe – es handelt sich um weibliche Grundschullehrer Ende 50 – sogar auf 100 Prozent Richtigmachquote.

Auf welchem Weg befindet sich deine Einrichtung?

Blickt ihr nach vorne oder zurück?

Kopiert die Schilder, schneidet sie aus und klebt sie an einen kleinen Pfahl – aus einem Strohhalm oder Luftballonhalter. Stellt den Wegweiser bei euren Besprechungen mitten auf den Tisch.

Blickt in kritischen Phasen darauf:

Wo wollen wir hin?

Was hindert uns, dorthin zu gehen?

Alt-Hergebracht 1 km
Selten-Hinterfragt 2 km

Schlechten-Bedingungen 2 km

Kennwaschon 15 km
Schon-Immersogewesen 5 km

Techniken der Förderung des Richtigmachens

Welche Hilfen, welche Form von Unterstützung können wir dem Kind geben, wenn es sein Selbstgefährdungspotential nicht im Griff hat? Miese und Meckert entwickelten eine Reihe von Techniken und Instrumenten, die Erfolg versprechen.

»Du hast schon wieder…«: Das Instrument der Verhaltensspiegelung

Die Technik der sofortigen Verhaltensspiegelung zielt darauf ab, dem Kind mit klar formulierten Sätzen das soeben gezeigte Fehlverhalten zu spiegeln und die im Kleinkindalter unentbehrliche Orientierung über Richtig und Falsch, Gut und Böse zu geben. Oft ist es nötig, die verbale Verhaltensspiegelung durch den geeigneten Tonfall zu verstärken: »Du popelst schon wieder!« »Ich sehe, dass du kippelst!!« Oder, lautstark: »Ich habe dich schon wieder erwischt, Freundchen!!!«

Nach Auffassung der beiden Forscher kann man dieses Instrument nicht oft genug anwenden: »Je mehr Verhalten wir kritisieren, desto weniger unkritisierte Tätigkeiten bleiben übrig, von denen das Kind weiß, dass sie beanstandungsfrei durchführbar sind. Statt des vorherigen Wirrwarrs an möglichen Verhaltenweisen haben wir nun eine klar definierte und überschaubare Auswahl dessen, was getan werden darf. Kinder brauchen das!«

Die Technik des »Warummen«

Den Anhängern der Verhaltensspiegelung werfen die Anhänger des Warummens vor, sie förderten die Reflexionsfähigkeit des Kindes über seine Fehler nicht ausreichend. Die Technik des Warummens ermöglicht es, Fehlverhalten des Kindes nicht nur zu kritisieren, sondern das Kind zu einer Stellungnahme aufzufordern: »Waa-rumm machst du das immer?«

Ein Anwendungsbeispiel: Den fast zweijährigen Dagobert, der seinen älteren Freund zum wiederholten Mal gebissen hat, drehen wir mit dem Gesicht zur Erzieherin, schauen ihn groß an und fragen: »Du weißt, dass das weh tut! Waaa-rumm beißt du immer andere Kinder?« Falls die einmalige Anwendung dieser Technik keinen Erfolg zeigt, weil das Kind weder eine Begründung abliefert noch sein Verhalten korrigiert, raten die Erfinder zum wiederholten Einsatz nach dem optimistischen Motto: »Irgendwann kommt die Einsicht bestimmt!«

»Lass das!«: Das Instrument des »Sonstens«

Bisweilen benötigen Kinder die Erklärungen Erwachsener, warum ein bestimmtes Verhalten nicht ungünstig ist. Für diesen Sonderfall schlagen die Vordenker des Ansatzes das Instrument des »Sonstens« vor. Kerngedanke der Technik ist es, dem Kind die Folgen des Handeln verbal auszumalen: »Lass das, sonst…«

Auch diese Technik muss unbedingt in kindgerechter Form eingesetzt werden, also in einer Weise, die auf die Emotionalität und die rege Fantasiebildung des Kindes abgestimmt ist. Empfehlenswert ist deshalb die Verwendung von starken, dem kindlichen Wesen zugänglichen Bildern wie Blut, gefährliche Krankheit und tiefe Trauer. Folgende Sonsts haben sich bewährt: »Sonst hast du gleich ein Loch im Kopf!« »Sonst kriegst du eine bitterböse Erkältung!« Oder das unübertreffliche »Sonst bin ich ganz, ganz traurig…«

Der präventive Anti-Versuchungsansatz von Rigo, Roos und Durchgreifner

Neuere Forschungsergebnisse von Rigo, Roos und Durchgreifner weisen darauf hin, dass Gefährdungen nicht allein aus dem fehlerorientierten Antrieb des Kindes entstehen, sondern auch durch äußere Faktoren bedingt werden. Also können wir Fehlverhalten durch Erkennen und präventives Ausschalten sogenannter »Versuchungen« des Kindes vermeiden. In der Regel genügt es, die Stimulanz für eine Konfliktsituation aus Sichtweite der Kinder zu bringen, wie folgende Beispiele beschreiben: Lästige Dauerkonflikte in der Mittagspause lassen sich durch Absperren aller Spielräume vermeiden. Werden attraktive neue Spielgeräte im oberen Schrankfach verschlossen aufbewahrt, endet der unerfreuliche Streit um die begehrten Gegenstände. Wird dem schwer zu integrierenden, von anderen gemobbten Kind eine heimische Betreuung anempfohlen, kann es gelingen, die vorher unschöne Gruppenstimmung deutlich zu verbessern.

Die Rolle der Pädagogin

Wachsamkeitspädagoginnen leisten Heroisches im Dienste der Sicherheit und Gesundheit aller ihnen anvertrauten kleinen und großen Menschen. Dennoch fristen sie im Team oft ein isoliertes Dasein, gelten zu Unrecht als Meckerziegen, obwohl sie die einzigen sind, die nicht einknicken, um bei den Kindern »gut anzukommen«. Deshalb brauchen sie starke Verbündete, die ihre Ansichten argumentativ untermauern.

Es hat sich als probates Mittel herausgestellt, dabei mit einem fiktiven Pärchen zu operieren, dessen strengen Anweisungen man nur Folge leistet: »die Hygiene« und »der Brandschutz«. Experten raten: »Nutzen Sie die Technik des Sonstens, wenn Ihre Kolleginnen sich gegen Ihre Ideen sträuben: Orakeln Sie, dass Herr Brandschutz vielleicht schon morgen zum Kontrollbesuch kommt oder Frau Hygiene die Einrichtung von einem Tag zum anderen schließt.«

Das Ziel des Gefahrensituationsansatzes: Das friedliche Kind in einer ungefährlichen Umgebung

Der Ansatz verlangt viel von seinen Anhängern: Selbstaufgabe, Wachsamkeit, Beobachtung. Aber es gibt auch die goldenen Momente, die ihn so lebenswert machen: Alle Kinder sind leise beschäftigt, lesen oder malen ohne Linienüberschreitung Vorlagenbilder aus. Zwei Jungen bauen am Tisch ein schönes Haus aus vier Bausteinen. Ein Mädchen fragt höflich, unter Verwendung von »bitte«, ob es kurz etwas zu trinken holen darf, akzeptiert aber freudig die Nichtgestattung dieses Wunsches. Die Sonne scheint nicht zu grell durch die schützenden Lamellen, die anstelle der leider immer zum Verstecken genutzten und deswegen umsichtig entfernten Gardinen angebracht wurden. Besucher fragen sich: Warum kann es nicht immer so friedlich, harmonisch und sicher sein?

Welche Pädagogik lebst du?

Welche Erfahrungen sind es wert, ein Risiko auf sich zu nehmen?

Welche Risiken sind absolut unnötig? Welche Gefahren sollten wir vermeiden, um Kindern größeren Freiraum zu geben?

Und welche Sicherheitsregeln könnten entfallen?

Der thermeneutische Ansatz der Wild-Wald-Orff-Pädagogik nach Fröbelsteiner oder nach welchem Ansatz arbeitest du?

Pädagogier glauben nicht an Götter, sondern bestenfalls an Halbgötter. Viele aber verehren nur die Hinterlassenschaft des Halbgottes, nämlich den Ansatz. So geht das: Die Propheten und Anhänger des Ansatzes glauben daran, dass nur bei konsequentem Leben nach dem Ansatz (»Umsetzung«) das Glücksversprechen eintritt. Anders als Religionen gilt dieses Glücksversprechen aber nicht für den Anhänger selbst, sondern nur für die von ihm betreuten Kinder. Diese kommen später in eine Art Himmel, der je nach Ansatz aus wirtschaftlichem Erfolg oder hervorragenden Schulleistungen besteht, während der gläubige Pädagogier in aller Regel keinen himmlischen Dank für seine Arbeit erwartet, oft genug nicht mal irdischen.

In der Regel geht jeder Ansatz davon aus, dass er der einzig Wahre ist – auch wenn sich die jeweiligen Überzeugungen der Ansatzanhänger oft ununterscheidbar gleichen. Kriege zwischen einzelnen Ansätzen sind deswegen üblich, und immer wieder versuchen die Anführer der Ansätze ihre Einfluss-Sphäre zu erweitern, neue Gebiete zu erobern. Zum Glück jedoch nicht über Gewalt und Mord, sondern über das Verfassen von so genannten »Bildungsprogrammen der Länder«. Wenn ein Ansatz ein bestimmtes Land erobert hat, beginnt er bald, seine Vorstellung von der richtigen Lehre konsequent durchzusetzen. Wie bei »evangelisch« und »katholisch« gibt es auch bei Ansätzen Verbreitungsgebiete.

Klein-Ole wird später mal Waldörfer, und Baby Anna lässt sich in der Situationsansatzkrippe ausbilden: Alle Pädagogier sprechen gern davon, dass alle Kinder im Lande die gleichen Chancen haben sollen. Keiner darf durch ungerechte Unterschiede im Bildungssystem benachteiligt werden. Könnte man sagen, dass dieses Gebot ein wenig mit der Freiheit, Bildungsprozesse nach irgendeinem Ansatz zu gestalten, kontrastiert? Im Ansatz schon.

Wer arbeitet eigentlich nach welchem Ansatz bei uns? Detektiv Google war erfreulicherweise bereit, uns hier ein wenig Einblick zu verschaffen – und Agent Erfahrung hat es ergänzt.

Die acht häufigsten Ansätze, nach denen deutsche Kindergärten laut Selbstbeschreibung arbeiten

Wir arbeiten ...

8. Nach dem offenen Ansatz	58
7. Nach dem ganzheitlichen Ansatz	77
6. Nach dem situationsbezogenen Ansatz	106
5. Nach dem lebensbezogenen Ansatz von Huppertz	180
4. Nach dem Ansatz von Maria Montessori	175
3. Nach dem situativen Ansatz	419
2. Nach dem situationsorientierten Ansatz	1310
1. Nach dem Situationsansatz	1620

(Häufigste Nennungen bei Google-Ergebnissen für die Suchworte Kindergarten + nach dem + Ansatz)

Probleme mit dem inneren Kompass!

Acht weniger beliebte Ansätze vom Ende der Charts, nach denen deutsche Kindergärten arbeiten

Wir arbeiten ...

8. Nach dem kindzentrierten Ansatz	17
7. Nach dem Ansatz von Emmi Pikler	10
6. Nach dem funktionsorientierten Ansatz	8
5. Nach dem religionspädagogischen Ansatz	6
4. Nach dem Ansatz der Reggiopädagogik	3
1. Nach dem Ansatz von Freinet	1
1. Nach dem sozial-ökologischen Ansatz von Bronfenbrenner	1
1. Nach dem Ansatz der Bildungs- und Lerngeschichten	1

(Seltenste Nennungen bei Google-Ergebnissen für die Suchworte Kindergarten + nach den + Ansatz)

Die neun besten Bindestrich-Ansätze

9. Der Anti-Bias-Ansatz von Louise Derman-Sparks
8. Der kind- und bildungsorientierte Ansatz der Reggiopädagogik
7. Der Ansatz der systemisch-konstruktivistischen Spielpädagogik
6. Der frühpädagogische High/Scope-Ansatz
5. Lew Wygotski – der ko-konstruktive Ansatz
4. Der Early-Excellence-Ansatz bei FiPP e.V.
3. Der frühpädagogische Ansatz von George E. Forman und David S. Kuschner
2. Der neue Ansatz der Kooperation Elementar- und Primarbereich in Bayern
1. Der spiel-, lern- und handlungspädagogische Ansatz nach Friedrich Fröbel

Die zehn tollsten Ansätze der vielseitigen Waldorfpädagogik

10. Der ganzheitliche Ansatz der Waldorfpädagogik
9. Der salutogenetische Ansatz der Waldorfpädagogik
8. Der reformpädagogische Ansätze der Waldorfpädagogik
7. Der multidisziplinäre Ansatz der Waldorfpädagogik
6. Der künstlerische Ansatz der Waldorfpädagogik
5. Der ethisch-moralische Ansatz der Waldorfpädagogik
4. Der heilpädagogische Ansatz innerhalb der Waldorfpädagogik
3. Der menschenkundliche Ansatz der Waldorfpädagogik
2. Der wenig emanzipatorische Ansatz der Waldorfpädagogik
1. Die trotz allem sicherlich vorhandenen guten Ansätze der Waldorfpädagogik

(Auswahl von Google-Ergebnissen für die Suchworte Ansatz + Waldorfpädagogik)

Sechs besonders interessante Ansätze

Der vorurteilsbewusste Ansatz
Der gewaltbewusste Ansatz
Der waldbewusste Ansatz
Der waldorfpädagogische Ansatz
Der waldpädagogische Ansatz
Der Mauricio-und-Rebeca-Wild-pädagogische Ansatz

Ansätze, die ziemlich interessant klingend, größtenteils aber noch nicht im deutschen Kindergarten erprobt wurden

Der reformpädagogische Ansatz von Maria Malalozzi
Der Ansatz »Spielfreier Kindergarten«
Der Ansatz »Kinderfreier Kindergarten«
Der Ansatz »Jugendfreier Kindergarten«
Der pädagogikfreie Ansatz
Der situationskomische Ansatz
Der leblose Ansatz
Der Ansatz »geschlossener Kindergarten«

Die besten acht Ansätze nach irgendwem oder was

8. Der »Das haben wir schon immer so gemacht«-Ansatz nach Kollegin Hildegard, die schon seit 1952 dabei ist
7. Der Schlechte-Erfahrungs-Ansatz nach allen halbherzigen Versuchen, mal was ein bisschen anders zu machen
6. Der »Ich sehe mich eher als Umsetzer der Ansprüche der Eltern«-Ansatz von »Weißt du, ich will einfach keinen Stress«-Moni

5. Der »Würde ich gerne machen, aber ohohone mehr Zeit und Personal geht das ja wohl nicht«-Ansatz nach jedem Vorschlag, was zu ändern
4. Der »Zum Streit gehören immer zwei!«-Ansatz der Konfliktschlichtung nach Mutti
3. Der einzig-wahre-Bowle-Ansatz nach Tante Lotti (nicht nach Bowlby)
2. Der Ansatz eines freundlichen Lächelns nach der letzten Teamsupervision
1. Der »Projekt?-Jetzt-ist-sowieso-erst-mal-Faschingszeits«-Ansatz nach Weihnachten

Und zuletzt:

Die zehn besten Antworten auf die Frage »Nach welchem Ansatz arbeiten Sie denn hier?«

10. Nach welchem Ansatz? Ich arbeite immer nach dem Ansatz des Morgen-Kaffees und bis zum Absetzen des Feierabend-Kaffees.
9. Nach am Ansatz? Des konn i net in an Satz beantworten. Froagns besser den Pastor, der entscheidet bei uns ois!
8. Welcher Ansatz? Bei der Frage mach ich aufm Absatz kehrt!
7. Mein Ansatz. Na klar! Es gibt doch diese Sendung »Ansatz in vier Wänden« auf RTL, da hab ich mir schon nützliche Einrichtungstipps für die Kita abgeschaut...
6. Nach welchem Ansatz, komplizierte Frage! Apropos: Hab eh grad Feierabend und muss los. Soll ich Sie irgendwo absetzen?
5. Wir arbeiten in Ansätzen nach dem situationsbedingten Ansatz, aber derzeit, bedingt durch die schlechte Personalsituation... Sie wissen schon...
4. Ansatz? Altmodische Frage. Entscheidend ist doch nicht der pädagogische Ansatz, sondern der Umsatz der Einrichtung. Und den entscheidet der erfolgreiche Absatz des Produktes Kindergartenplatz!
3. Wir wollen nach dem Reggio-Ansatz, den High/Scope-Ansatz und einem skandinavischen Ansatz arbeiten. Leider fehlt uns noch die Übersetzung!
2. Wir mussten früher immer diesen Aufsatz schreiben »Mein schönstes Ferienerlebnis«. Ein bisschen trifft das auch für unsere pädagogische Arbeit zu.
1. Unsere Fachberaterin sagt immer: Ihr zeigt hoffnungsvolle Ansätze. Bitte macht mal was draus!

Zu wem schaust du auf?

Was ist dein Ansatz?

Woran orientierst du dich?

Wie sieht dein Bildungsalltag aus?

Die Rechtsordnung Pädagogiens oder Wir achten die Sachen

Pädagogien ist ein Rechtsstaat besonderer Güte: Besser als auf diesem Fleckchen Erde ist wohl kaum irgendwo auf der Welt das Zusammenleben von Menschen geregelt, und Pädagogien hat in Punkto Gemeinschaftsorientierung ein Niveau erreicht, wie man es immer von Skandinavien denkt.

Als oberstes Ziel wird in der Verfassung Pädagogiens benannt, »miteinander klarzukommen«. Pädagogien ist aber nicht sozialistisch, denn das Eigentum genießt hier großen Schutz, außer es ist das eigene: »Wir gehen achtsam mit dem Eigentum der anderen um!«

Interessanterweise macht die Verfassung Pädagogiens ihren hohen Anspruch schon in ihrer Sprachwahl deutlich. Statt trockenem Juristendeutsch ist die Rechtsordnung Pädagogiens klar und kindgerecht formuliert: Aus der Wir-Perspektive. Und sie nimmt das Ziel eines positiven Zusammenlebens bereits vorweg, denn sie spricht grundsätzlich von »Wir wollen« und »Wir machen«.

Was passiert, wenn die Gesetze Pädagogiens verletzt werden? Relativ kurz sind die Gerichtsprozesse in diesem Land des Gemeinwohls, denn langwieriges Aufrollen von Zwistigkeiten vor Gericht entfällt. Nicht umsonst enden die meisten Prozesse schon bei der Anhörung der Kontrahenten mit dem weisen Wort des Richters: »Ich will gar nicht wissen, wer angefangen hat, sondern wer als erster aufhört!« Und es kann sein, dass der Staatsanwalt dann noch milde hinzufügt: »Zum Streit gehören doch immer zwei dazu...!« Und egal, was los war, heißt doch der Urteilsspruch zumeist: »Gebt nun die Hand und vertragt euch!« Oder, wie es im Jugendstrafrecht bei Delikten der jüngsten Bewohner Pädagogiens heißt: »So, jetzt machst du schnell ei-ei...!«

Statt auf Sanktionen setzt das Rechtssystem Pädagogiens auf Einsicht. Mittel zur Einsichtsgewinnung ist zunächst das Instrument der Verhaltensspiegelung. Bei Bagatelldelikten empfiehlt sich die Verwendung von der Standardformulierung »Überleg doch mal selbst, was du da gemacht hast!«, während schwerere Delikte mit direkten Ins-Gesicht-Sprechen des folgenden Satzes sanktioniert werden: »Immer haust du! Immer tust du das! Waaaa- rummm?« Bisweilen ist dem Täter jedoch gar nicht klar, welche negativen Auswirkungen sein Verhalten hat, und darum muss die Staatsmacht mit dem Mittel der Emotionalisierung entgegnen: »Ich bin jetzt ganz traurig, dass du das getan hast...«.

Einziger Wehmutstropfen: Nicht alle Bevölkerungsteile Pädagogiens richten ihr Handeln an der Verfassung und Rechtsordnung aus. Zwar wurde die an sich als schwierig geltende Volksgruppe der Kinder – mit den als besonders renitent geltenden Untergruppen namens »Die Großen«, »Die Jungen« oder »Diese kleinen Zicken« – weitgehend auf diese ... ausgerichtet. Dennoch muss beklagt werden, dass – obwohl in Pädagogiens Verfassung der Grundsatz der Vorbildfunktion gilt – zwei Bevölkerungsschichten des Landes weniger auf die Einhaltung des Regelwerkes achten: die Eltern und die Erzieher. Hören wir selbst: »Wir wollen niemand Sachen wegnehmen, die uns nicht gehören, Sebastian und Uli! Wenn ihr das nicht begreifen wollt, dann nehme ich euch das Auto ganz einfach weg!«

Wichtige Gesetze Pädagogiens

§ 1 Wir wollen hier nicht rennen.
§ 2 Wir wollen hier nicht schubsen
§ 3 Wir wollen hier nicht hauen.
§ 4 Wir achten die Sachen der anderen. Wir achten unsere Materialien.
§ 5 Wir wollen keine Ausdrücke (wie Stinkschlüpfer und Kakamann) verwenden.
§ 6 Wenn wir rennen wollen, obwohl wir hier nicht rennen wollen, wollen wir draußen im Garten rennen!
§ 7 Wenn wir hauen wollen, obwohl wir hier nicht hauen wollen, dann wollen wir uns entschuldigen!
§ 8 Wenn wir Ausdrücke verwenden wollen, obwohl wir hier keine Ausdrücke verwenden wollen, dann wollen wir uns nachher dafür schämen, was wir für schlimme Worte wir verwenden wollen! (Zum Beispiel Stinkschlüpfer. Oder Kakamann!)
§ 9 Wir wollen unsere Regeln befolgen! Wir wollen, dass alle unsere Regeln befolgen, ohne Ausnahme!! Wir wollen alle, dass auch ich unsere Regeln befolge!!!
§ 10 Die Garderobe ist kein Toberaum.

Schlusspräambel:
Diese zehn Paragraphen der Verfassung Pädagogiens können jederzeit, wenn nötig, durch gemeinsam gefundene Regeln ergänzt werden. »Gemeinsam« meint im Sinne des Gesetzes:
Kollegin Hildegard, Verfasserin dieser Verfassung. Keine Zustimmungspflicht nötig!

Welche Rechte gewährst du?

Wie sieht eure Verfassung aus?

Welche Regeln verwenden wir bei uns, welche Regeln sind typisch bei uns?

Welche Regeln davon helfen den Kindern, und welche nützen eher den Erwachsenen? Welche Regeln gelten eher zuliebe den Eltern?

Welche unserer Regeln würden wir, wenn sie für unseren Erwachsenen-Alltag gelten, niemals akzeptieren?

Was passiert mit Kindern, wenn sie Regeln befolgen sollen, die ihnen und ihrem Miteinander nicht nützen?

Skalen, bitte! Von der Vermessung des pädagogischen Erfolges

»Morgen kriegen wir vielleicht den Erdkundetest zurück.« Es ist immer wieder spannend, auf Testergebnisse zu warten. »Vielleicht bin ich diesmal der beste?« Klar, dass auch die Pädagogier es lieben gelernt haben, vor dem Tun erst einmal das Testen zu stellen: Komm, evaluier mit mir! Hier haben wir die wichtigsten Test-Skalen Pädagogiens gesammelt.

SPRACHSTANDSTESTSERFOLGSSKALA

Geringe Sprachkompetenz.
Vermutlich nicht integrierbarer zukünftiger Parallelgesellschaftler.

Mittlere Sprachkompetenz.
Zugelassen für Stufe 2 beim NRW-Sprachstandstest »Delfin«.

Sprachproblemfrei.
Weiterer Kindergartenbesuch nicht mehr erforderlich.

ERZIEHER-ENGAGIERTHEITSSKALA

Geringes Engagement.
Lediglich vertragsgemäße Auffassung von Arbeitseifer.

Mittleres Engagement.
Gelegentlich bereit zu unbezahlter Mehrarbeit.

Hohes Engagement.
Übernimmt neue Zusatzaufgaben wie Dokumentation und Portfolioarbeit jederzeit freiwillig außerhalb der Arbeitszeit – ohne Rückfragen.

ELTERN-BILDUNGSFERNOMETER

Hohe Bildungsferne.
Haushalt umfasst unter drei Büchern / über drei Fernseher. Gemeinsame Mahlzeiten werden durch Anschauen von Koch-Shows ersetzt.

Mittlere Bildungsferne.
Kinder dürfen fernsehen, müssen dabei aber lesen und Bio-Chips knabbern.

Null Bildungsferne = hohe Bildungsnähe.
Kind studiert statt TV-Programm (ganzjähriges Fernsehverbot) Lexika und klassische Weltliteratur.

Dialog mit dem Wissenschaftlichen Elfenbeinturm

BILDUNGSHAUSOMETER

Niedriger Haus-Standard.
Ausstattung besteht aus Elternspenden und den Möbel-Hits der 50er, 60er und 70er Jahre.

Mittlerer Haus-Standard.
Vorzeigbare Raumbereiche a la Katalog, ergänzt durch Schmuddelecken.

Hoher Haus-Standard.
Komplettes und hochwerti ges Material verdrängt zunehmend Spielfläche in den Räumen.

EVALUATIONSSKALENEVALUIERUNGSSKALA

Einfache Evaluationsskala.

Überprüft werden Anzahl der Räume, Steckdosen, Kinder, Erzieherinnen.

Mittlere Evaluationsskala.

Es werden zusätzlich Fragen zur Bildungsarbeit, dem Bedarf der Kinder und der Materialqualität gestellt.

Hochkarätige Evaluationsskala.
Zusätzlich werden kontinuierlich überprüft:
Gesinnung der Erzieher,
Sozialverhalten der Kinder.

Willkommen im Testgarten:

Was evaluierst du?

Wie sieht deine 5-Sterne-Pädagogik aus?

Komm, evaluier mit mir!

Welchen inhaltlichen Schwerpunkt hat der Test oder die Evaluationsskala, die wir benutzen – und wie wird er im Aufbau und der Ausrichtung des Tests sichtbar?

Wie muss ein Test, ein Fragebogen aufgebaut sein, um nicht nur die Abweichung zum Standard, sondern auch die individuellen Besonderheiten von Menschen, Teams, Kitas zu erfassen?

Welche Formen der Selbsteinschätzung könnte man entwickeln, um auch diese Highlights, Stärken, Potentiale im Blick zu haben?

Unterwegs auf der Bildungsautobahn: Die wichtigsten Verkehrsschilder in Pädagogien

Welcher Rahmen bedingt deine Arbeit?

Wie sieht dein Bildungsalltag heute aus?

Und morgen?

Über welche schlechten Bedingungen klagst du?

Welche möchtest du verändern?

Lexikon ungeschriebener pädagogischer Ansätze: Die Pädagogik der Stiftungen

Stiftungspädagogik, auch Big-Spender-Ansatz genannt, ist eine pädagogische Grundströmung, deren Überzeugung es ist, Inhalte und Ziele der pädagogischen Arbeit nicht allein denen zu überlassen, die in dem Bereich arbeiten, sondern besser denen, die das Ganze bezahlen können: die Stifter.

Was Kinder brauchen: Das Credo der Stiftungspädagogik

»Kinder brauchen...«: Unter diesem verblüffend einfachen Credo lassen sich alle Formen der Stiftungspädagogik zusammenfassen. Was brauchen Kinder? Zunächst mal meist »mehr«, postuliert der Stiftungspädagoge, denn er weiß: So gut der deutsche Kindergarten auch ist, irgendein wichtiges Thema hat er doch vergessen, von dem Kinder einfach mehr brauchen. Was das ist, unterscheidet sich individuell von Stiftung zu Stiftung: Während kleinere, eher unbekannte Stiftungen vorzugsweise randständige Themen besetzen (»Kinder brauchen mehr Schach, mehr Tischtennis, mehr Herzensbildung«), suchen große Stiftungen vorzugsweise nach Kinderbedürfnissen von universaler Bedeutung, die sie fördern möchten: »Kinder brauchen mehr Zukunft!«

Wie kann die Stiftungspädagogik Kindern diese Zukunft geben? Mit Geld. Kinder brauchen Geld, unser Geld, sagen die Stifter stolz. Kinder brauchen – mich!

Ausgangspunkt: Der »Da-muss-doch-mal-was-getan-werden-Moment«

Der stiftungspädagogische Prozess beginnt meist damit, dass der zukünftige Stifter von einem gesellschaftlichen Notstand erfährt, den endlich jemand beheben muss: Kinder machen irgendwas viel zu oft! Irgendwas anderes dafür wiederum viel zu selten. Gefährlich!

»Da muss wohl wieder mal ich ran«, sagt der Stifter, denn es ist seine Lebenserfahrung aus 30 Jahren Unternehmensführung, dass ohne ihn nie was läuft.

Euphorisierend ist es für den werdenden Stifter, wenn er sich mit den Gegebenheiten seines zukünftigen Aktionsfeldes beschäftigt: Völlig unstrukturiert, der Bildungsbereich! Unklar definierte Führungsstrukturen! Sozialbereichstypische Schlampigkeit statt Effizienz! Dabei ist doch alles so einfach zu verbessern, überträgt er nur seine Managementerfahrung auf den Bildungsbereich: Produktionskosten für Bildung verringern! Personalaufwändige Bildungsprozesse verschlanken und in die Schwellenländer verlagern! Bildungsangebote stärker an Bildungsnachfrage koppeln! Kaufmannsläden zu Profitcentern umbauen!

Ein Konzept entsteht

»Das mit den Profitcentern ist vom Gedankengang her interessant, aber in der Praxis...« Für solche Unkenrufe ist der vom Stifter zusammengetrommelte Beirat zuständig, mit dem er das Konzept für sein Projekt nun ausfeilt. Der Beirat heißt so, weil er dabei ratlos zusieht: Die entscheidenden Ideen kommen vom Stifter, schließlich zahlt er ja. Auch wenn dem Beirat schwant: Gab's schon zigmal, ist pädagogisch veraltet – egal, der Stifter will es, und so wird es gemacht: »Ich bin der Überzeugung, Kinder müssen wieder besser zuhören lernen, und deswegen heißt unser Projekt: ›Klaus, der feine Horcher!‹«

Nachdem ein schlankes Konzept entstanden ist, braucht der Stiftungspädagoge nur noch Kindergärten, um sein Projekt zu starten: Weil er über keine eigenen Kindergärten verfügt, nutzt er gern »Wirtskindergärten«, die quasi virenartig von der guten Idee infiziert werden (»Kostet nichts, und ihr seid auch noch für eine Stunde entlastet«), in der Hoffnung, dass sich weitere Einrichtungen anstecken. Fachausdruck: »Multiplikatorenansatz«.

Und nun kann es losgehen: Alle vier Wochen kommt ein als »Klaus« ausgebildeter Student oder emeritierter Professor in die Kita und veranstaltet mit den Kindern vorbereitete Horch-Experimente.

Die Aktionsphase der Stiftungspädagogik

Als er noch ein strammer Bub war, mit roten Backen und abgewetzter Lederhose, da hatte der Stifter ein Lieblingsspielzeug: die Modelleisenbahn. Alles war klein, glänzte schön und war viel überschaubarer als die Wirklichkeit. Später, als sich der wirtschaftliche Erfolg über unserem Stifter zusammenballte, lernte er eine Frau kennen, die auch wunderschön glänzte und in punkto Taillenweite eindeutig »klein« war: ein Model, na klar! Logisch, dass der Stifter nun im Alter, wenn er pädagogisch wirken will, nicht einen x-beliebigen Kindergarten mit seinem Geld überschüttet (vielleicht die städtische Investitionsruine »Rappelkiste« mit hohem Migrantenanteil), sondern eine Modell-Einrichtung. Und siehe da: Auch hier ist wieder alles wunderschön und glänzt sanft. Klein sind die Kinder ja sowieso.

Der Kongress als Hochphase des stiftungspädagogischen Prozesses

Dokumentation, für viele normale Pädagogen leider immer noch ein Reizwort, ist für den Stifter selbstverständlich. Alles, was sich im Rahmen seines geförderten Projekts in der Modelleinrichtung ereignet hat, wird glänzend fotografiert, mit erläuternden Texten versehen und in einer geschmackvoll gestalteten Broschüre versammelt, die er natürlich kostenfrei zur Verfügung stellt. Sein »Elternabend«, auf dem er seine pädagogische Arbeit präsentiert, heißt »Kongress« oder »Symposion«. Seine »Eltern« bestehen aus der gesamten eingeladenen Fachelite. Sein »gemütlicher Teil« heißt »Büfett mit Kulturprogramm«. Sein Team sitzt auf dem Podium: Er selbst, dazu namhafte Bildungspolitiker beider großer Parteien (angefragt), zwei hübsche Kinder (eines gern mit harmlosem Migrationshintergrund, das signalisiert Weltoffenheit) sowie ein Moderator vom Kinderfernsehen: Bert (angefragt, abgesagt, vertreten von Ernie oder dem Krümelmonster).

Eine ältere Frau mit roten Hektikflecken sitzt auch da oben, muss aber fast nichts sagen. Wer ist die denn? Ach ja, die Praxis, aber: »Wir müssen nun leider zum Schluss kommen. Schade, ich hätte gerne noch von der Praxis erfahren, wie weit ihr unsere Ideen helfen.«

Die Loslösung vom Stiftungsprozess: Verantwortungsübertragung

Nach dem Kongress ist vor dem Kongress, aber natürlich mit einem neuen Thema. Man kann die Öffentlichkeit ja nicht immer für das gleiche Thema sensibilisieren. Klar also, dass es jetzt, in der zweiten Projektphase, etwas ruhiger zugeht.

Jeder gute Lehrer muss wissen, wann er sich zurückziehen muss. Dem Stifter ist dieser Grundsatz heilig: Schließlich muss die Praxis jetzt mal allein beweisen, dass sie begriffen hat, was wir ihr gezeigt haben.
Und so kehrt Ruhe in der Modelleinrichtung ein. Die Multiplikatoren nehmen nur noch Null als Faktor. Die hochwertige gesponserte Ausstattung zerfällt in Würde. Der Abschlussbericht des Projekts erscheint aus Kostengründen in Schwarzweiß, mit einer Auflage von 95 Stück.

Hilf mir, ich will es selbst nicht tun!

Stiftungspädagogik hat treue Freunde: zum Beispiel die öffentliche Hand. Statt über ausreichend Geld für gute Pädagogik, Personal und Material nachzudenken, muss sie sich nur noch über die Formulierung der Laudatio den Kopf zerbrechen. Wie wär´s mit »Eine beispielhafte Kooperation zwischen Wirtschaft und Bildung«? »Begrüßenswerte Initiative eines sozial engagierten Unternehmers«? Oder, ganz salopp: »Unbürokratisches Einspringen«?

Auch viele Eltern lieben es, wenn ihre Kinder statt diffusem Freispiel dank der Stiftungsgelder endlich Bildungserlebnisse haben, die sie selbst ihnen aus Zeitgründen noch nicht verschafft haben: »Unser Lasse wird jetzt von Meckinzi zum forschen Kleinen ausgebildet, ätsch!« »Von wegen Ätsch! Unsere Lara durfte neulich die Bratsche von Barenboim berühren!«

Niedere Formen der Stiftungspädagogik

»Unsere Wirtschaftselite macht in letzter Zeit einen desperaten Eindruck. Wenn die mal nicht mehr da sind: Gibt's dann keine Stiftungspädagogik mehr?« Auf diese Frage können Kenner der Szene beruhigende Antwort geben: Stiftungspädagogik ist nicht daran gebunden, dass große Geldbeträge zur Verteilung bereitstehen. Im Gegenteil: Stifter kann jeder werden. Selbst geringfügige Sachwerte (die in der Pfandleihe vielleicht nicht mehr angenommen werden, die der Trödler abweist, über die Mitarbeiter des Recyclinghofes streng den Kopf schütteln) kommen im Kontext des Kindergartens wieder zu Wert: »Ihr könnt das sicherlich gebrauchen«, heißt das Zauberwort, mit dem ambitionierte Einsteiger in die Stiftungspädagogik beginnen, die Arbeit des Kindergartens zu bereichern. »Hier, tolles Endlospapier aus den Frühachtzigern, nur ganz leicht vergilbt« oder »Natürlich extra heiß durchgewaschen, die ganzen Kuscheltiere, deswegen sind die Rosa- und Hellblautöne vielleicht auch etwas vergraut...« lauten die Lockrufe, mit denen der Jungstifter seine Taten einleitet.

Danksagung

Das Entstehen dieses Textes wurde ermöglicht durch die großzügige Unterstützung der Achim-Kniefel-Stiftung, die uns auch beriet, welche allzu scharfen Gags besser wieder gestrichen werden sollten. Der Stiftung verdanken wir auch den Hinweis, ob es ethisch vertretbar sei, Personen oder Organisationen zu kritisieren, die anderen Menschen etwas so Gutes wie Geld schenken.

Fachleute verweisen in diesem Kontext auf die Frage, ob man die unerbetenen Geschenke der reichen Großtante Dietlinde kritisieren, zurückweisen oder gar auf das Dankesagen verzichten darf. Sie antworten: Grundsätzlich darf man dies tun, muss dann aber auch bedenken, dass die anderen Großneffen möglicherweise erheblich von unserer Charakterstärke profitieren. Wollen wir das?

Anhang

Noch ziemlich unbekannte oder eventuell zu gründende Stiftungen im Bildungsbereich:

- die »Sinn-Stiftung«: »Das halte ich alles nicht für sinnstiftend!«
- die »An-Stiftung«: »Du hast mich aber dazu angestiftet, du bist schuld!«
- die »Unruhe-Stiftung«: »Der größte Unruhestifter bist du, Kevin!«
- die »Geistige Brand-Stiftung«: »Wer so denkt, betreibt doch geistige Brandstiftung!«

Welche Pädagogik lebst du?

Welche Stiftungen gibt es, die bereit sind, auch ungewöhnliche Projekte zu unterstützen? Hast du eine solche Idee? Wer kann helfen?

Lexikon ungeschriebener pädagogischer Ansätze: Die konjunktivistische Pädagogik oder der Wenn-und-Aber-Ansatz

Die konjunktivistische Pädagogik, auch als Wenn-und-Aber-Ansatz bekannt, ist eine weit verbreitete pädagogische Grundströmung in Deutschland, die grundsätzlich von der Richtigkeit neuer pädagogischer Entwicklungen ausgeht, aber deren Umsetzung in der praktischen Arbeit aus unterschiedlichen Gründen ablehnt: »Würden wir gern machen, aber dafür bräuchten wir erst...«

Ein Blick in die Geschichte

Als Begründer des Ansatzes gilt Wendelin Wenn (1804-1898), ein enger Wegegefährte Friedrich Fröbels. Mit diesem entzweite sich Wendelin Wenn jedoch im Zuge der Gründung des ersten deutschen Kindergartens, weil er das Prinzip der Freiarbeit ablehnte (»Klingt erst mal gut, aber wer soll das betreuen? Wir haben ja noch nicht mal den Betreuungsschlüssel erfunden!«). Wendelin Wenn hielt zudem den Einsatz der Fröbelbausteine für undurchführbar (»Super-Idee. Aber wer soll das alles sägen? Gibt's überhaupt genug Bäume für so viele Klötze? Und die Verletzungsgefahr, wenn die sich damit gegenseitig ans Schlafittchen gehen?«). Das Werk Wenns, geprägt durch eine pessimistische Sicht auf neue pädagogische Ideen, führte später sein Schüler Adalbert von Aber (1869-1971) fort. In jungen Jahren ein erbitterter Widersacher Maria Montessoris (»Hilf mir, es selbst zu tun – toller Satz. Aber mir hilft auch keiner ...«), entwickelte sich von Aber zum strengen Kritiker Peter Petersens, Celestin Freinets und Jean Piagets (»Die Entwicklung in Stadien einteilen? Na ja. Wo sollen denn dann die ganzen Fußballer hin?«). Von Aber starb 1971 im biblischen Alter, bis zuletzt auf das ewige Leben hoffend: »Sterben? Klingt erst mal gut. Aber brauch ich dafür nicht ein Sterbezimmer?« Sogar die Anfänge der Kinderladenbwegung verfolgte er noch: »Kinderladen – hört sich erst mal gut an. Aber Kinder im Laden kaufen? Die kann man sich doch selbst machen.«

Konjunktivistische Pädagogik heute

Auch nach einhundertfünfzig Jahren erfreut sich der Ansatz hoher Beliebtheit: Gerade in Zeiten, in denen sich die Pädagogik weiterentwickelt, bekennen sich immer mehr Menschen zu diesem Konzept – auch wenn kritische Stimmen monieren, dass der Ansatz eigentlich keine eigenen Vorschläge macht.

Ist konjunktivistische Pädagogik überhaupt ein einheitliches Konzept? Fachleute sprechen von den folgenden drei Strömungen innerhalb des Ansatzes:

Das Konzept der nichtvorhandenen Bedingungen

»Klingt gut, aber wir haben leider nicht die Bedingungen dafür!« Die Anhänger dieses Teilkonzeptes innerhalb des konjunktivistischen Ansatzes sind überzeugt davon, dass eine konsequente Umsetzung neuer pädagogischer Strömungen absolut wichtig ist und keinesfalls an unzureichenden Bedingungen scheitern darf. Ihr Credo, frei nach Häuptling Seattle: »Erst wenn der letzte Snoozleraum komplett ausgestattet, die Kinder-Personalrelation umgekehrt, die verhaltensauffälligen Kinder therapiert und die bisherigen Eltern durch kooperativere Ersatzeltern ersetzt wurden, werdet ihr feststellen, dass wir den offenen Kindergarten auch umsetzen können.«

Der Argumentation des Ansatzes kommt zugute, dass wirklich gute Bedingungen für Kindergärten in Deutschland prinzipiell nicht vorgesehen sind. Dafür haben wir die bestausgestatteten Gymnasien und starke Elite-Unis. Müssen die Kinder halt warten, bis sie größer sind.

Dennoch werfen Kritiker dem Ansatz der nichtvorhandenen Bedingungen vor, dass schlechte Bedingungen nicht als Totschlagargument für jede Neuerung herhalten können, wie etwa in den folgenden Fällen: »Dokumentieren, schön und gut, aber bei uns müssen sich zwei Leute eine Digicam teilen!« oder »Spielzeugfreie Zeit? Wir haben doch gar nicht genug Spielzeug hier, ohne das wir mal eine Weile auszukommen üben könnten!«

Das Prinzip des »Im-Prinzip-Machens«

Die erbitterten Gegner der eben beschriebenen Gruppe lassen sich an der häufigen Verwendung der Satzformel »Im Prinzip machen wir ...« erkennen. Anhänger dieses Prinzips streben an, eine moderne Pädagogik konsequent umzusetzen, allerdings – wie auch unter modernen Theaterschaffenden üblich – in frei interpretierter Form: »Im Prinzip arbeiten wir gruppenoffen. Allerdings noch nicht ganztägig: Zumindest beim Spätdienst ist die Gruppe immer altersgemischt.« Oder, wie es Krippen-Urgestein Tante Trude aus der »Knirpsenbaude« in Berlin-Pöselhagen auf den Punkt bringt: »Im Prinzip beobachten wir die Jören rejelmäßich und kontinuierlich. Wo soll ick´n sonst den janzen Tach hinkieken?«

Genaue Beobachtung des Kindes und Einfühlen in seine Vorstellungswelt scheinen gerade für dieses Prinzip besonders wichtig zu sein, denn ganz offensichtlich ist es durch den spielerischen und fantasievollen Umgang der Kinder mit der Realität inspiriert. Wie die Kleinen sagen »Hier wär wohl unsere Wohnung, und im Spiel wären wir wohl drei Erdmännchenkinder, die ihre Mama verloren haben« formulieren ihre Betreuerinnen: »Im Prinzip ist den Kindern freigestellt, ob sie Mittagsschlaf machen. Wir bieten ihnen nur an, entweder richtig zu schlafen oder eben einfach nur eine Weile im abgedunkelten Raum auf der Matte zu liegen, die Augen zu schließen und zu entspannen. Wenn sie dann nicht einschlafen, dürfen sie ja auch wieder aufstehen – sofern es drei Uhr ist. Da wecken wir sowieso alle Kinder. Also im Prinzip: Freigestellt!«

Das Schlechterfahrungs-Konzept

Nicht alle Konjunktivismus-Anhänger geben sich damit zufrieden, moderne Pädagogik nur virtuell durchzuführen: Mutig gingen die Anhänger des Schlechterfahrungs-Konzepts einst an die Verwirklichung großer oder kleinerer Verbesserungsschritte, aber in der Praxis schlug – wie eine Keule – die schlechte Erfahrung zu: oft in Form von Unruhe unter Kindern und Eltern oder als Angst erzeugendes Gefühl, plötzlich auf die übliche Routine verzichten zu müssen.

Das Konzept gewinnt, wenn statt eigener Schlechterfahrungen Fremd-Schlechterfahrungen als Ausgangspunkte genutzt werden, denn mühsame Umsetzungsversuche entfallen: »Ein Kindergarten um die Ecke oder zumindest hier in der Stadt, auf jeden Fall in Deutschland, der hat das auch mal umgesetzt, und ist übel gescheitert, weil das wohl irgendwie voll chaotisch oder so war.« Wer das wohl berichtet hat? Vielleicht die Bekannten einer Bekannten einer Bekannten? Oder die große Vogelspinne, die dort in einer Yuccapalme wohnt und alles live miterlebt hat?

Neue Teammitglieder berichten übereinstimmend davon, nach anfänglich grundloser Euphorie für zeitgemäße Pädagogik von erfahrenen Kolleginnen in das Konzept eingeführt worden zu sein: »Lass mal, Kleene, dit ham wa allet schon ma ausprobiert, aber janz schlechte Erfahrungen jemacht, damals, Sommer einundfuffzich...« Eventuell stammt auch dieser Satz aus dem Munde der Mutter Teresa von Pöselhagen: Krippenerzieherin Trude Knuffke, die noch jeden »kleenen Racker irjendwie jroßjekriegt hat«, mit Herz, Schnauze, Jeduld und Spucke.

Der Grundsatz der fehlenden Wertschätzung

Dieser Grundsatz ist in vielen Formen des Ansatzes gültig: Wo bleibt die Wertschätzung? »Ich habe 30 Jahre lang guhute Arbeit geleistet, und dann – schneuz, schnauf – muss ich mir sagen lassen...« Was geht eigentlich in Menschen vor, die jahrelang nicht so dolle Arbeit geleistet haben und dann schlagartig damit konfrontiert werden, dass ihnen jemand empfiehlt, es mal anders zu machen?

Im Rahmen ihrer Forschungen haben sich die Koryphäen der konjunktivistischen Pädagogik intensiv mit dem Thema »Traumatisierung« beschäftigt. Schwerpunkt war die Frage: Ist es überhaupt zumutbar, im Rahmen von Evaluation oder Fortbildungen zu erfahren, dass man etwas nicht so gut macht?

Die Anhänger des Ansatzes stellen klare Forderungen: Fortbildner sollen ihre pädagogischen Neuerungen als mögliche Alternative zu erprobter Praxis darstellen, ohne eine Wertung abzugeben, was besser ist. Etwa so: »Die moderne Sauberkeitserziehung geht zwar vom Bedürfnis und der Entwicklung des Kindes aus – aber Töpfen ist auch Klasse!« Evaluationen heißen die Forscher ebenfalls gut, allerdings unter folgenden Bedingungen: Die Ergebnisse dürfen nicht untereinander vergleichbar sein, damit sich keiner nicht genug gewertschätzt fühlt: »Alle haben wieder sehr gut abgeschnitten!« Statt den Ist-Zustand mit einem unerreichbaren Ideal zu vergleichen – »Dit hamse sich da in ihrm Elfenbeinturm ausjedacht, aba inne Praxis jeht dit sowieso nich!« –, sollte besser die tägliche Praxis beobachtet werden, um daraus den Ist-Zustand und gleichzeitig das Soll zu ermitteln: »Klar ist unsere pädagogische Arbeit irgendwie altmodisch und andere arbeiten viel moderner. Aber dafür setzen wir unseren Ansatz konsequent um!« Außerdem: »Klar ist unser Niveau nicht so hoch. Aber es heißt ja schließlich pädagogischer Standard und nicht pädagogischer Luxus«, argumentiert Savannah Krause, die junge Kollegin von Töpf-Trude, souverän und sympathisiert mit dem Ansatz.

Weiterführende Aspekte

Jens Lehmann sagte nach seinem letzten – verlorenen – Spiel als Nationaltorwart: »Der Konjunktiv ist der Feind des Verlierers, deshalb nutzt jetzt auch kein Hätte, Wenn und Aber.«

Passt dieses Zitat zu unserem Ansatz? Kann man Fußball und Pädagogik gleichsetzen?

Besser nicht. Sonst sagen die Spieler vor dem Spiel: »Tore schießen? Würden wir gern machen. Aber bei diesen Bedingungen? Elf andere Spieler wollen uns den Ball wegnehmen. Und wenn einer von uns schießt, sind die anderen beleidigt. Ja, wenn wir 22 Bälle und 22 Tore hätten, dann natürlich! Bis dahin spielen wir besser auf Nullnull.«

Sind Wenn und Aber auch bei euch immer mit dabei, wenn neue Ideen diskutiert werden?

Wie haben andere Teams, die größere Veränderungsprozesse hinter sich gebracht haben, solche Bedenken überwunden?

Welche »Aber« kann man mit Mut und guten Ideen schnell in den Griff kriegen?

Warum das so nicht geht

DAS
das nicht
das geht nicht
das geht so nicht
das geht so doch nicht
das geht so doch alles nicht
das geht so doch alles immer nicht
das geht so doch alles immer gar nicht
das geht so doch alles immer ganz und gar nicht
das geht so doch alles immer überhaupt ganz und gar nicht
das geht so doch alles immer überhaupt und ganz und gar und immer wieder nicht

Welche Sätze kannst du mit den Wörtern noch erzeugen?

Kannst du damit auch Mutmach-Sätze bilden?

Genug gemeckert, genug geklagt, genug belächelt. Es wird Zeit, etwas zu tun. Den schnellen, ebenen Weg nach Utopia gibt es in Pädagogien nicht. Aber du kannst ja mal überlegen, wie es dort aussieht. Vielleicht können wir alle daran arbeiten, den Weg zu gehen!

Wehren wir uns, dass...

Mich gruselt, dass...

Lasst uns zusammen...

Ich habe es satt, dass...

Ich träume davon, dass...

Ich wünsche mir, dass...

Können wir nicht...

Fangen wir an...

Die Aktionsausstellung

Von Kennwaschon und Immersogewesen nach New Input – die neue interaktive Ausstellung lockt Erzieherinnen, Leiterinnen, Lehrer, Berater, Fortbildnerinnen in Ausbildung, Praxis und Forschung in eine sinnlich wahrnehmbare Welt der pädagogischen Ideen, Konzepte, Begriffe, Praktiken.

Mittels Bilder, Skulpturen, Tönen, Worten, Bewegungen, Alltagsgegenständen in neuer Bedeutung können die Besucherinnen und Besucher in einer offenen Lernwerkstatt ko-konstruieren, zum Beispiel zu Themen wie:

- Bilder von Kindern, Pädagogen, Eltern ... reflektieren
- Bildungspläne verwandeln
- Rahmenbedingungen verändern
- Pädagogische Ansätze leben
- Bildungsprozesse beobachten und dokumentieren
- Entwicklungen evaluieren
- Perspektiven wechseln, kooperieren und sich vernetzen...

und zum Beispiel in begleitenden Workshops eine Geografie von Gedankenwegen, Begriffsterrains und Zusammenhängen zwischen Vorstellungen entwerfen.

Die Ausstellung wurde im Erfindergarten vom verlag das netz (Michael Fink, Natascha Welz, Eva Grüber, Jens Klennert, Tania Miguez, Dr. Gerlinde Lill und Erika Berthold) in Kooperation mit Prof. Dr. mult. Fthenakis (Didacta-Verband) entwickelt.

Info und Kontakt: Erfindergarten im verlag das netz
Kreuzstr. 4 · 13187 Berlin · Telefon: 030/48 09 65 36 · Fax: 030/481 56 86
E-Mail: erfindergarten@verlagdasnetz.de · Internet: www.verlagdasnetz.de